le traitement des



# LE PLASTIQUE

écrit par Veronica Bonar
illustré par Tony Kenyon

GAMMA • ÉCOLE ACTIVE

Dépôt légal : mars 1998. Bibliothèque nationale.
ISBN 2-7130-1838-2.

Exclusivité au Canada :
Éditions École Active
2244, rue de Rouen, Montréal, Qué. H2K 1L5.
Dépôts légaux : 2e trimestre 1998.
Bibliothèque nationale du Québec,
Bibliothèque nationale du Canada.
ISBN 2-89069-573-5.

Pour l'autorisation de reproduire les photographies,
les éditeurs remercient :
The Environmental Picture Library p.12 (Stan Gamester) ;
Robert Harding Picture Library p.7, p.10, p.26 ;
Coutesy of ICI p.8 ; Science Photo Library p.14
(Dr. Morley Read), p.19 (Hank Morgan),
p.21 (James Holmes-Zedcor), p.22 (James Holmes-Zedcor),
p.25 (Peter Ryan) ; Zefa, p.17.

Loi n° 49-956 du 16 juillet 1949
sur les publications destinées à la jeunesse.

Produced in the E.C.
by ***Partenaires-Livres***® / cl
on SCA paper

# Sommaire


Le plastique est partout 6
Fabriquer le plastique 8
Les emballages 10
Les déchets en plastique 12
Le plastique usagé 14
Le plastique biodégradable 16
Brûler le plastique 18
Recycler le plastique 20
Pour mieux recycler le plastique 22
Les bouteilles en plastique 24
Réutiliser le plastique 26
Glossaire 28
Index 30

# Le plastique est partout

Le plastique est une matière résistante et légère, qui ne pourrit et ne rouille pas. Nous fabriquons des objets usuels en plastique : jouets, radio, téléphone, télévision... Certaines pièces de voiture et une partie de notre mobilier sont également en plastique. La nourriture et les boissons sont souvent vendues dans des emballages et des bouteilles en plastique. Nous portons des vêtements en nylon et en polyester ; ces matières sont des formes différentes de plastique.

Les objets en plastique prennent les aspects les plus divers. Nous rembourrons nos oreillers de mousse en plastique et nous réalisons des vitres avec un plastique **transparent**. Certaines matières plastiques sont aussi dures et incassables que le bois. D'autres sont molles et souples. D'autres encore sont fragiles et se brisent facilement. Avec le plastique, on réalise aussi des feuilles très minces et flexibles. Enfin, on trouve des plastiques de toutes les couleurs.

▲ Dans les stations balnéaires, on trouve de nombreux objets en plastique pour la plage.

# Fabriquer le plastique

▲ Cette bobine en plastique vient juste de sortir du moule.

Certaines matières plastiques ont été découvertes, il y a environ 150 ans. Mais ce n'est que depuis 60 ans que l'on sait produire le plastique utilisé de nos jours. En général, le plastique est fabriqué à partir du pétrole, parfois à partir du charbon. Aujourd'hui, il est plus rapide et meilleur marché de réaliser des objets en plastique plutôt qu'en métal ou en bois. Bien qu'il y ait plus de 50 sortes de matières plastiques, nous en employons principalement deux pour la plupart de nos utilisations.

Les matières **thermoplastiques** sont les plus utilisées. Chauffées, elles se ramollissent, puis deviennent **fluides**. On les coule alors dans des **moules**. Après refroidissement, elles se solidifient et conservent la forme du moule. Cependant, elles redeviennent fluides lorsqu'on les chauffe à nouveau. La deuxième catégorie de plastiques est **thermodurcissable**. Ces plastiques sont mis en forme sous une forte **pression**. Ils ne peuvent plus se ramollir sous l'action de la chaleur. Nous utilisons cette sorte de plastique pour les prises électriques.

# Les emballages

De plus en plus de produits sont emballés dans des boites ou des bouteilles en plastique. Les aliments sont présentés dans des barquettes en plastique, recouverts d'un film plastique pour les protéger. Beaucoup de magasins donnent des sacs en plastique pour emporter les achats.

▲ Les fruits sont emballés dans des films en plastique afin d'être conservés propres et sains.

Les matières plastiques résistent longtemps, mais les emballages en plastique sont utilisés pendant une courte durée. Il sont jetés dès que la marchandise est déballée. Dans un fast-food, les emballages des hamburgers et des pizzas ne servent que quelques minutes. Quand la nourriture est consommée, les emballages sont jetés à la poubelle.

# Les déchets en plastique

▲ Les déchets en plastique sont emportés par le vent et s'accrochent aux buissons.

Plus de 25 % de nos ordures ménagères sont composées de matières plastiques. Mais comme le plastique est léger, il représente seulement 10 % du poids des déchets.
Les déchets sont collectés et déversés dans des **décharges** loin des habitations. Ils sont recouverts de terre afin d'en favoriser le pourrissement.

Les déchets en plastique ne se décomposent pas contrairement aux déchets alimentaires, au bois ou au papier. Bouteilles et sacs en plastique restent intacts des centaines d'années.
Avant d'être enterrés, les emballages en plastique sont parfois emportés par le vent. Pour les arrêter, les décharges sont entourées de hautes grilles.

# Le plastique usagé

Le plastique usagé, jeté à la mer, provient des bateaux. Il ne se décompose pas et, en général, surnage. C'est ainsi que des déchets en plastique envahissent nos plages. Le plastique qui flotte sur l'eau provoque la mort des poissons et d'autres animaux. Les phoques et les dauphins s'étranglent dans de vieux filets de pêche en plastique. Dans l'estomac de certains poissons capturés, on a trouvé jusqu'à quatre gobelets en plastique.

▲ Sur cette plage, les déchets en plastique ont été poussés sur le rivage par la marée.

Dans la campagne, les déchets en plastique sont également dangereux pour la vie sauvage. Les sacs et les bocaux peuvent provoquer l'asphyxie d'un animal.
Les emballages accrochés sur les branches des arbres risquent de piéger les oiseaux et d'autres petits animaux. Un sac en plastique est également dangereux pour un enfant qui, en se le mettant sur la tête, **suffoquerait**.

# Le plastique biodégradable

Le bois, le papier et les déchets alimentaires se décomposent dans le sol grâce à l'action des vers de terre et des **bactéries**. Ces matériaux sont **biodégradables**. Les matières plastiques, fabriquées à partir du pétrole, ne se désagrègent pas de cette façon. Les scientifiques ont donc mis au point du plastique biodégradable en y ajoutant des substances qui lui permettent de se désintégrer en petits morceaux.

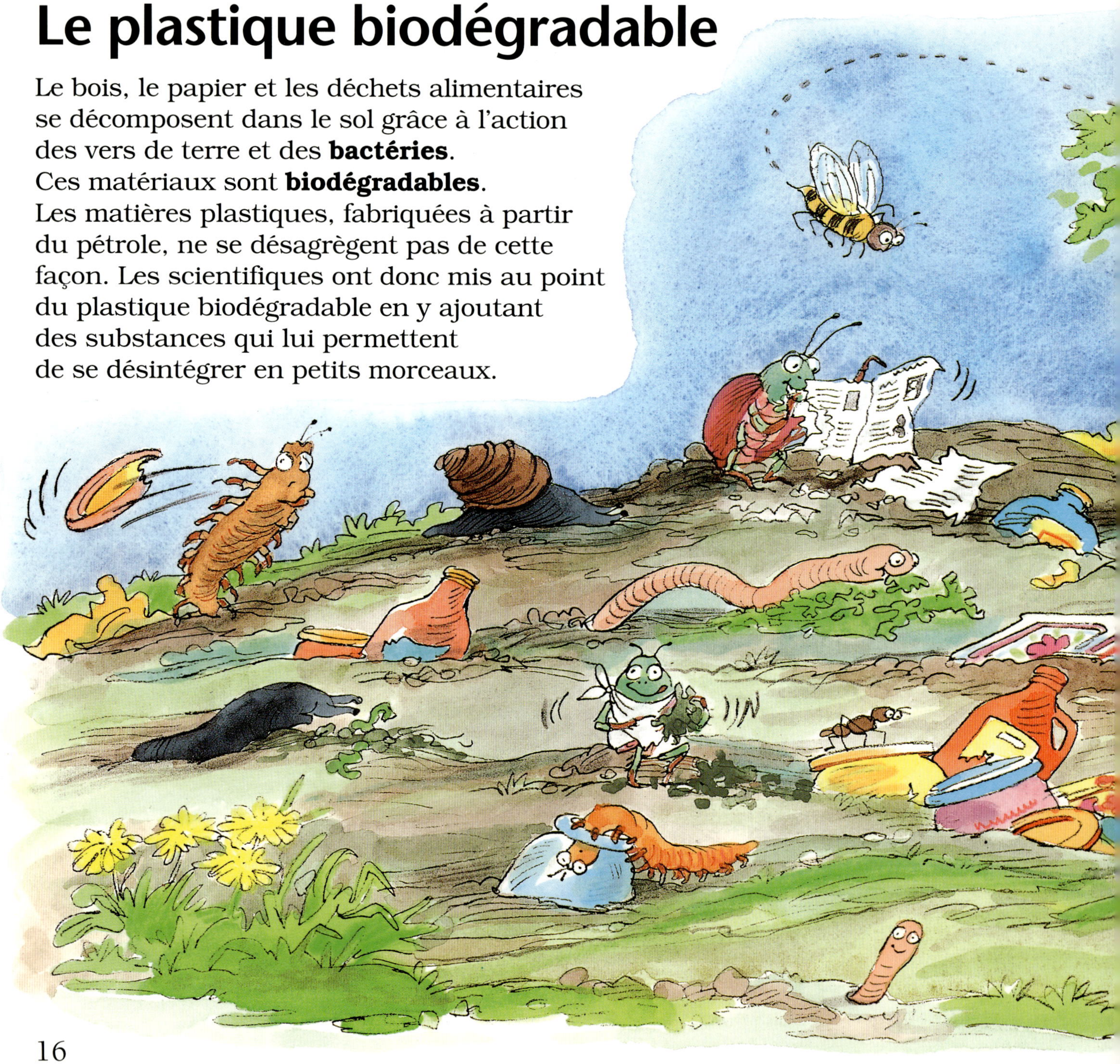

Certaines matières plastiques biodégradables s'altèrent sous l'action du soleil. D'autres, qui contiennent de la **fécule** ou du sucre pourrissant dans le sol, se désintègrent en petits morceaux lorsqu'elles sont enterrées. Cependant, elles ne pourrissent jamais complètement.
Des fils en plastique biodégradable sont utilisés par les chirurgiens. Laissés dans le corps après une opération, ils se décomposent et sont rejetés par l'organisme ; on n'est donc pas obligé d'opérer une seconde fois pour les enlever.
Des agriculteurs emploient des feuilles en plastique biodégradable pour maintenir la chaleur sur le sol de leurs cultures.

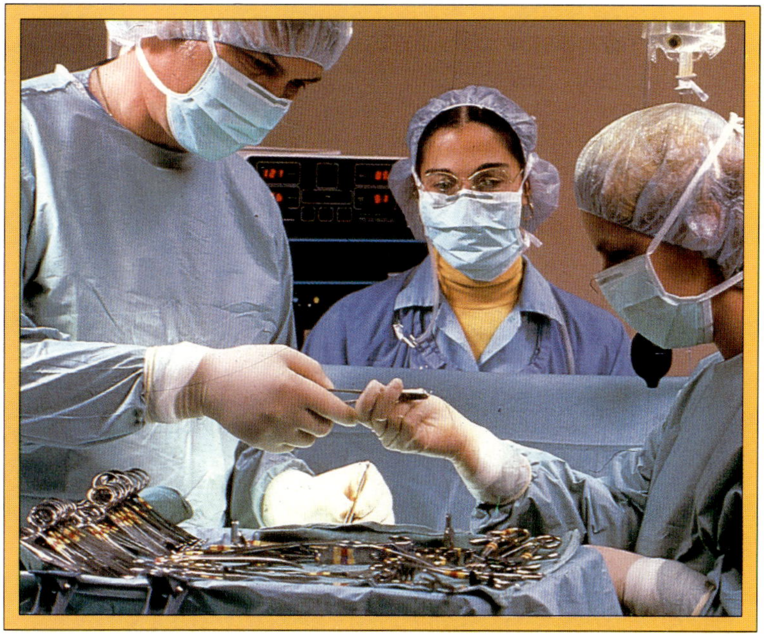

▲ En chirurgie, on utilise du plastique biodégradable.

# Brûler le plastique

Les réserves mondiales de pétrole et de charbon s'épuisent vite et ne se renouvellent pas. Nous utilisons ces combustibles pour produire de l'énergie, mais aussi pour fabriquer des matières plastiques. Lorsque le pétrole et le charbon deviendront rares, ils coûteront plus chers et les objets en plastique seront alors plus onéreux.

Le plastique se consume plus proprement que le charbon ou le pétrole. Il produit moins de fumées polluantes. Le plastique usagé est brûlé dans des **incinérateurs,** ce qui rend plus rapide la combustion des autres déchets. Certains pays récupèrent la chaleur des incinérateurs industriels pour chauffer les maisons et fournir de l'électricité.

▲ Ces déchets en plastique vont être enfournés dans un incinérateur.

# Recycler le plastique

Tous les emballages en thermoplastique sont recyclables. Ils sont fondus pour fabriquer de nouveaux objets. Cependant tout le plastique usagé n'est pas recyclé. C'est, en partie, parce que ce matériau est si léger qu'il est difficile d'en collecter des quantités suffisantes pour être recyclées. C'est aussi parce que les opérations de recyclage sont complexes, onéreuses et nécessitent un tri préliminaire des plastiques usagés.

▲ Ces rouleaux de films transparents
sont en plastique recyclé.

Chaque variété de matières plastiques contient des **produits chimiques** différents. Ainsi, lors de leur recyclage, elles fondent plus ou moins facilement. Les récipients pour l'alimentation sont produits avec une seule catégorie de plastique recyclé. Les autres objets, tels les balises pour la circulation, les sacs-poubelle, le mobilier de jardin, les cintres, sont réalisés à partir de mélanges de différentes matières plastiques.

# Pour mieux recycler le plastique

Aujourd'hui, certaines villes collectent séparément les plastiques usagés qui ont été déposés dans des poubelles spéciales. Toutefois, il est nécessaire de trier les matières plastiques avant de les jeter. Les sacs en film et les récipients en plastique rigide sont triés dans des poubelles différentes.

▲ Ces sacs en polyéthylène sont collectés pour être recyclés.

Les récipients en plastique doivent être lavés. Il faut également enlever tout ce qui n'est pas en plastique, tels les bouchons métalliques. Les bouteilles et les pots sont comprimés afin de prendre moins de place.

# Les bouteilles en plastique

Dans certains pays, les bouteilles de sodas en plastique sont **consignées**. Lors de l'achat de la boisson, la bouteille est payée ; elle sera remboursée une fois rendue vide. Les bouteilles usagées sont alors renvoyées au fabriquant. On ne peut réutiliser ces bouteilles, car le plastique ne supporte pas d'être chauffé suffisamment pour être **stérilisé**.

▲ Ces balles de bouteilles en plastique sont recyclées en rouleaux de plastique rouge.

Les bouteilles usagées en plastique sont comprimées en **balles** pour économiser la place. Les bouteilles transparentes et celles en plastique de couleur seront séparées avant d'être nettoyées, puis recyclées. C'est ainsi que l'on fabrique la mousse en plastique des coussins.

# Réutiliser le plastique

▲ Ce cerf-volant est en plastique.

Un des moyens de réduire la quantité de plastique jeté est de le réutiliser. Les sacs en plastique sont employés de nombreuses fois pour transporter les achats. Ils servent aussi de sacs-poubelle. Avec les plus grands, tu confectionnes des cerfs-volants. Avec des pots de yaourt en plastique, tu fais pousser des plantes et, avec les bouteilles en plastique, tu protèges les jeunes plants des insectes.

Tu peux également réutiliser les récipients en plastique plutôt que d'en acheter de nouveaux. Des boites de toutes tailles et de toutes couleurs sont employées pour des produits alimentaires, comme les crèmes glacées et la margarine. Ces boites, en général hermétiques, peuvent, après lavage, contenir d'autres aliments, des biscuits, du fromage et tout ce qui doit aller au réfrigérateur.

# Glossaire

**bactérie :** Être vivant microscopique qui se trouve dans l'air et le sol et sur les plantes et les animaux, et qui contribue à décomposer les plantes et les animaux morts.

**balle :** Gros paquet de marchandises souvent compressées.

**biodégradable :** Qui peut subir une destruction par des organismes vivants.

**bouteille consignée :** Bouteille que le vendeur fait payer, mais s'engage à reprendre et à rembourser.

**décharge :** Lieu où on dépose les ordures.

**fécule :** Un produit alimentaire blanc extrait des pommes de terre et du pain.

**fluide :** Qui coule facilement.

**incinérateur :** Appareil où l'on brûle les ordures.

**moule :** Corps solide creux destiné à recevoir une matière pâteuse pour lui donner une forme qu'elle conservera en se solidifiant.

**polluant :** Se dit de ce qui souille, rend malsain ou impropre à la vie.

**pression :** Force qui agit sur une surface.

**produit chimique :** Corps obtenu par l'industrie chimique.

**recycler :** Faire quelque chose de neuf à partir d'éléments déjà utilisés.

**stériliser :** Nettoyer pour débarrasser de tous les germes.

**suffoquer :** Respirer avec difficulté, étouffer.

**thermodurcissable :** Se dit d'une matière plastique qui devient dure et rigide quand on la chauffe.

**thermoplastique :** Matière plastique que l'on peut fondre ou ramollir par la chaleur.

**transparent :** Se dit d'un objet qui laisse passer la lumière et au travers duquel on voit distinctement.

# Index

altérer, 17
asphyxier, 15

bactérie, 16
balle, 25
biodégradable, 16, 17
bois, 8, 16

charbon, 8, 18, 19
collecter, 12, 20, 22
combustible, 18
combustion, 19
comprimer, 23, 25
consigner, 24
consumer, 19

décharge, 12, 13
déchet, 14, 15, 16, 19
décomposer, 12, 16, 17
désagréger, 16
désintégrer, 17
énergie, 18

emballage, 6, 11, 13, 15, 20

film plastique, 10, 22

fluide, 9
fumée polluante, 19

incinérateur, 19

métal, 8
moule, 9

nylon, 6

pâteuse, 9
pétrole, 8, 16, 18, 19
plastique usagé, 14, 20, 22
polyester, 6
pourrir, 12, 17
pression, 9
produit chimique, 21

recyclable, 20, 21
recycler, 20, 21, 22, 25

stériliser, 24

thermodurcissable, 9
thermoplastique, 9, 20
trier, 20, 22